Freddie Mercury. Una biografía

©2018, Alfonso Casas
©2018, Penguin Random House Grupo Editorial, S. A. U.
Travessera de Gràcia, 47-49, 08021 Barcelona
Japanese translation rights arranged through Japan UNI Agency, Inc., Tokyo.

グラフィック伝記
フレディ・マーキュリー

アルフォンソ・カサス 作
宇野和美・小原京子 訳

岩崎書店

彼は人生をめいっぱい生きた。
人生を貪り、その一瞬一瞬を祝った。
そして、巨大な彗星のごとく、輝く軌跡を後に残した。
その軌跡は、この先何世代にもわたって
きらめき続けるだろう。

2011年 ブライアン・メイ

はじめに

何座？ とか、好きな色は？ みたいに、人にきかれたらすぐに答えられる質問ってあるよね。友だちや気のおけない仲間としゃべっているときに投げかけられると、頭にインプットされている答えを返すような質問だ。僕の場合、いちばん好きな映画は？ とか、無人島に持っていくとしたらどの本？ には、なんて答えたらいいかわからないけれど、いちばん好きな歌は？ ときかれたなら、迷わず答えられる。

その歌と僕が出合ったのは90年代、リズム&ブルースのバンドのコピーでだった。当時は（なんて言うと、年寄りみたいだけど）今みたいに、クリックひとつで情報が手に入る時代じゃなかったから、その「ボヘミアン・ラプソディ」という曲が、実はクイーンというバンドのオリジナルだというのがわかるまで、だいぶ時間がかかった。

それからクイーンの音楽を聴いていくうちに、自分が彼ら（とフレディ・マーキュリー）から、音楽だけでなく人生全般にわたって、知らない間にさんざん影響を受けてきたことがわかった。スポーツイベントで「伝説のチャ

ンピオン」を合唱したこともあれば、「ウィ・ウィル・ロック・ユー」のリズムに合わせて、ドン、ドン、パン！と床を踏み鳴らし、手拍子したことも一度や二度じゃない。「リヴ・フォーエヴァー」に感動し、フレディと言われたら、あの独特のファッションを思い浮かべるようになったのは、もう何年も前のことだ。なのに、「ボヘミアン・ラプソディ」がクイーンの曲だとは知らなかった。要するに、ピースがひとつだけ欠けたジグソーパズルを持っていたようなものだった。クイーンというピースが。

　クイーンの重要性は音楽だけにとどまらないことが、その後だんだんとわかっていった。クイーンのメンバー、なかでもフレディは、新しいものがどっと現れ、何もかもが魅力にあふれていた1970年代から80年代にかけての時代を理解するための最高の手がかりだ。その新たなものすべてがよかったとは限らないけれど、僕たちが育ったその時代の最も暗い部分にも、フレディはきらめきを与えてくれる。

　フレディは真のロックスターとして生きた。でも、当時の典型的なロックスターではなかった。自分の流儀を貫くためにゲームのルールを変え、ロックとはこういうものという既成の枠を打ち破った。トレードマークの口ひげやぴったりしたショートパンツや革ジャンは、彼の美意識を表すと同時に、正統派ロックスターとの決別を意味した。どうすれば既存の型にはまらず、それでも（いや、だからこそ）成功し続けられるのかを身をもって示した。他のロッカーたちが奇をてらうことばかりにとらわれるなかで、フレディは自由だった。

　また、フレディは、ヒットのために私生活を売り物にすることは絶対にしなかった。プライベートな部分をひた隠しにしたので、本人の実像と、ロックスターのフレディが、次第にはなれていった。クイーンのボーカルとしてのフレディは、（ロックの）神々が住むオリュンポス山の住人だった。そこは、一握りの人間しかたどりつけない高みだ。しかし、それとは別のフレディ

がいて、誰もがそうであるように恐怖や欲望を抱いていた。史上最大の成功を収めたロックバンドのひとつ、クイーンのリーダーの中に引っ込み思案の人間が潜んでいて、本当の自分をさらけだそうかどうしようかと葛藤しているとは、誰が想像できただろう。

　ここでフレディ・マーキュリーの私生活を何から何まであばくつもりはない。あばかなくても、彼の人となりを知るヒントがページのはしばしに見つかるだろう。解説書ではないが、たくさんのデータをもりこんだ。フレディが作った音楽が彼の人生を語るように見えることもあれば、彼の人生が音楽によって築かれることもあり、彼の音楽と人生は切り離して語れない。そこでこの本では、事実と音楽をおりまぜながら、偉大なフレディ・マーキュリー像を描きだしてみたい。クイーンの活躍当時まだ生まれていなかった僕たちも含め、死ぬまで彼らのファンとして生きていくであろう大勢の人々にとって、彼の音楽と存在は大きな意味をもった。この本はそれに対する、ささやかなオマージュだ。

アルフォンソ・カサス

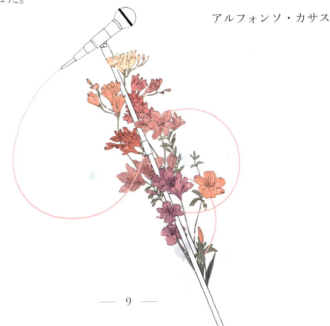

目次

「ボヘミアン・ラプソディ」は、フレディ・マーキュリーの、最もよく知られた曲のひとつだ。それまでのロックの楽曲と比べると、長さ（6分近くある）から構成まで、何もかもが型破りだ。まず、リフレインがない。繰り返しが一切なく、どこをとっても新しく、常に前へ前へと進む。フレディの人生がまさにそうだったように。

　そこで、フレディ・マーキュリーの人生をこの曲に見立て、この本は最大のヒット曲「ボヘミアン・ラプソディ」になぞらえて構成した。既成の枠から飛び出し独自の道を見つけたことが、どちらにも共通している。

イントロ ……………………………………………………… 17

バラード ……………………………………………………… 27

ギターソロ …………………………………………………… 67

オペラ ………………………………………………………… 89

ロック ………………………………………………………… 99

コーダ ………………………………………………………… 111

1946
9月5日
ファルーク・バルサラ
ザンジバル島で誕生

1954
ピアノの
レッスン開始

1955
インドの
英国式寄宿学校、
セント・ピーターズ・
スクール入学

1963
ザンジバルに戻る

1964
家族と共に
イギリスに移住

アイズルワース・
ポリテクニックに
入学し、
大学進学をめざす

1966
イーリング・カレッジ・
オブ・アートに入学。
ファッションデザインと
グラフィックデザインを
専攻

ティム・スタッフェルと
知り合う

1969
ケンジントンに転居、
ロジャー・テイラーと
同居

1940 **1950** **1960**

寄宿学校の友人4人と
ザ・ヘクティクス結成

1958

ティム・スタッフェルが
所属するバンド、
スマイルのメンバー、
ブライアン・メイ、
ロジャー・テイラーと
出合う

1968

バンド、
アイベックスに参加。
10月、バンド名を
レッケージに改名

1969

1970
グラフィックアートとデザインの修了証書を取得して卒業

メアリー・オースティンとつきあい始める

フレディ・マーキュリーと名乗り始める

1972
「クイーン」のロゴをデザイン

1975
メアリー・オースティンを裏切り、デヴィッド・ミンズと浮気

1976
メアリー・オースティンと破局

1970
レッケージを脱退。サワー・ミルク・シーに加入

スタッフェルがスマイルを脱退。フレディが加入し、バンド名をクイーンに改名

1971
ジョン・ディーコンが加入

クイーン、最初のデモテープを録音

1973
クイーン、デビューアルバム発売

モット・ザ・フープルの前座として初ツアー

1974
3月、『クイーンII』リリース

11月、『シアー・ハート・アタック』リリース

1975
シングル「ボヘミアン・ラプソディ」リリース

『オペラ座の夜』リリース

1976
『華麗なるレース』リリース

1984
ジム・ハッドンと
つきあい始める

1970

『ライヴ・キラーズ』
リリース

ソロアルバムの
制作に
とりかかる

1980

シングル
「愛という名の
欲望」リリース

『ザ・ゲーム』
リリース

『ザ・ワークス』
リリース

1983

1979

『フラッシュ・
ゴードン』
リリース

シングル
「アンダー・
プレッシャー」
リリース

『ホット・スペース』
リリース

ソロシングル
「ラヴ・キルズ」
リリース

『ジャズ』リリース

1980

1982

1984

1978

『グレイテスト・
ヒッツ』リリース

『世界に捧ぐ』リリース

初の南米ツアー

1977

1981

1985

39歳
バースデイパーティ

1987

モンセラート・カバリエと
知り合う

エイズと診断される

1988

クイーンの楽曲を
メンバー全員のものとする

1991

11月22日
病気について
公式発表

11月24日
フレディ・マーキュリー
ロンドンで死去

1985

ソロアルバム
『Mr. バッド・
ガイ』リリース

「ライヴ・
エイド」に
クイーン出演

1986

ミュージカル
「タイム」のために
3曲録音

『カインド・
オブ・マジック』
リリース

クイーン、
フレディと
最後のツアー

1987

ソロシングル
「ザ・グレート・
プリテンダー」
リリース

1988

ソロアルバム
『バルセロナ』を
モンセラート・
カバリエとリリース

1989

『ザ・ミラクル』
リリース

1990

1991

2月、『イニュエンドウ』
リリース

1995

『メイド・イン・ヘヴン』
リリース

イントロ

　フレディ・マーキュリーは3度生まれた。いや、3度どころか、もっと何度も生まれかわったと言ってもいい。

　奇妙な書き出しに見えるだろうが、フレディの人生はまさにそうだった。

　生きているあいだに、彼についてはたくさんのことが書かれた。本当のこと、そうでないこと、いろいろあったが、さえない男に見えたことは一度もなかった。

　フレディ・マーキュリーは、1946年9月5日、ザンジバル島の主要都市のひとつストーン・タウンで、ファルーク・バルサラという名のもとに生をうけた。父ボミ・バルサラ、母ジャーの息子は、スターになる運命の星のもとに生まれてきたかのようだった。たとえば、生まれ故郷に残る手がかりのひとつである、赤ん坊のころのポートレートは写真コンクールの優勝作だ。撮影したスタジオのショーケースに今も飾られているこの写真は、幼少期を過

ごした家の玄関にある写真や切り抜きとともに、ストーン・タウンに残された、フレディの思い出を物語る数少ない品のひとつだ。

　ファルークにはカシミーラという妹がいて、子どものころ、ふたりはとても仲が良かった。兄妹は、世界最古の宗教のひとつであるゾロアスター教の信仰のもとで育てられた。その重要な教えの一つは、生を喜び祝うことだ。子どものころのファルークは、この教えを忠実に守って育った。のちに、その厳しい戒律(かいりつ)と伝統が、彼の生き方と真っ向からぶつかることになる。

　当時、ザンジバルは無垢(むく)な楽園のような場所だったが、ファルークとカシミーラの視線は、いつも島の外に向けられていた。ふたりは、数か月遅れで届く欧米のレコードを聴き、ファッション雑誌を読みふけった。

　世界はとても広かった。ファルークがそれを発見するのにそう長くはかからなかった。

　生まれた島をファルークが初めて後にしたのは、1955年の夏だった。両親が、叔母と祖母が住むインドのボンベイ（現在のムンバイ）近くで、息子に教育を受けさせようと決めたのだ。少年ファルークの早熟な芸術的才能を見出し、それを伸ばすチャンスを与えたのは、この叔母と祖母だった。ふたりは、絵を描くために油絵具を買ってやり、ピアノを習わせた。ピアノのレッスンでファルークは、生まれながらの耳の良さを発揮し、楽譜がなくても、ラジオで聴いただけで曲をひいてみせた。

　その後、思春期を過ごした寄宿学校セント・ピーターズ・スクールでは、友だち4人と最初のバンドを結成して、めきめきと頭角を現した。バンド名

はザ・ヘクティクス。バディ・ホリーやエルビス・プレスリーといった、当時の有名なアーティストの曲をカバーした。

　小学校時代のファルークは、内向的で、あまり目立たないまじめな子どもだった（ただし、不本意ながら、出っ歯をからかわれることはあった）。しかし、ステージでは別人だった。クリフ・リチャードの曲をピアノでひく姿は堂々として、ほかのどんなときよりも自信に満ちあふれていた。以来、人前での大胆なキャラクターと、本来の内気さという二面性は、生涯彼につきまとうことになる。

　友だちに「フレディ」と呼ばせるようになったのはそのころだ。その呼び名はたちまち学校じゅうに広まり、家族もそう呼ぶようになった。フレディという名前の小さな仮面が、ファルークに開放的なパーソナリティを与え、より大胆で芝居っけのある態度をもたらした。たとえば、会話の最後に「ダーリン」という言葉をそえるのは、当時はぎょっとすることだったが、彼が言うと自然に聞こえた。フレディはこの「ダーリン」という語をずっと使い続けた。数少ないインタビューの中でも頻繁に聞くことができる。

　ザ・ヘクティクスと共に、ファルーク少年は生まれかわった。フレディという名前で。

1964年、ザンジバル革命が勃発し、島のイギリス人社会は甚大な影響を受けた。イギリスのパスポートを持っていた父ボミは、家族を安全な場所に連れていくことにした。一家はイギリスに移住し、フェルサムに居を構えた。ヒースロー空港とロンドン市街の間にある労働者階級の地区だ。

　家庭の状況は、これでがらりと変わった。それまでの何不自由ない中産階級の暮らしを捨て、新たな場所でゼロからスタートしなければならなかった。

　両親がロンドン近郊でそれなりの仕事を探すあいだ、妹のカシミーラはこんなに寒いどんよりした場所で自分たちはどうなるのだろうと不安におびえていた。一方、フレディはすぐに、鉛色の空の下に果てしない芸術的未来が広がるのを見た。

　すべてが可能な場所にいるのだ。イギリスにやってきたのだ。女王陛下万歳。

さまざまな仕事をして家計を助けながら、フレディはイーリング・カレッジ・オブ・アートに入学するための勉強を始めた。そこを選んだのは、芸術の勉強を続けたかったから（両親はこの進路にすっかり納得はしていなかった）だけではなかった。同じくらい（いや、もしかしたらもっと）大きな理由は、キャンパスに音楽の空気が息づいていたことだった。

西洋文化の影響を受けて、フレディの外見は変わっていった。フォーマルできちんとしていた身なりが、イギリスの若者らしい服装になった。はやりのロングヘアに母親はいい顔をしなかったが、息子が新しい現実に溶

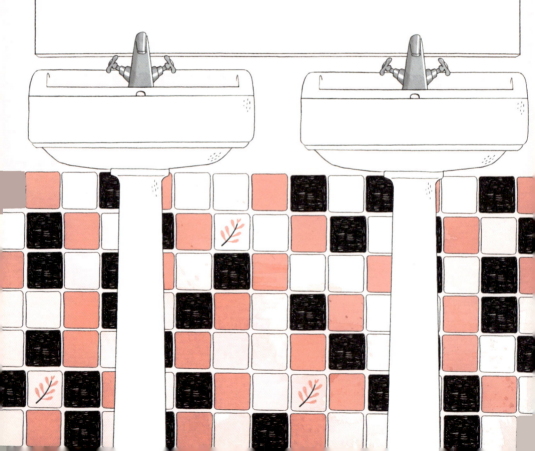

けこもうとしているのを止めることはできなかった。

　フレディは、さほど苦労せずに高校で優秀な成績をとり、1966年にイーリング・カレッジ・オブ・アートに入学した。最初はファッションデザインを専攻したが、後でグラフィックデザインに専攻を変えた。そのころ、ティム・スタッフェルと出合った。彼とは、学校のトイレにこもって歌い、壁じゅうにハーモニーを響かせて楽しんだ。多分、そのエコーのかかった響きが、後に世界中が知ることになる「クイーン・サウンド」の原点だ。

バラード

　ティム・スタッフェルはスマイルというバンドのメンバーだった。そのバンドでは、物理と天文学を学ぶブライアン・メイがギターをひき、歯科医をめざす前途有望な学生ロジャー・テイラーがドラムをたたいていた。その演奏をはじめて聴いたときから、スマイルのクラシック・ロックはフレディを虜にした。フレディは熱烈なファンになり、ライブがあるたびに追いかけていった。

　フレディはすぐにスマイルのメンバーと親しくなった。1969年には、ロジャーとともにケンジントン・マーケットの近くのアパートに引っ越すまでになった。ふたりはヴィンテージの服やリサイクル商品を売る小さなショップを開いた。ケンジントン・マーケットは、当時若者たちの人気スポットだったが、どこよりもファッショナブルだったのはビバというブティックだった。スマイルのメンバーはこの店に足しげく通った。それには、服を買うためだけでない、別の大きなわけがあった。店員のメアリー・オースティンがいた

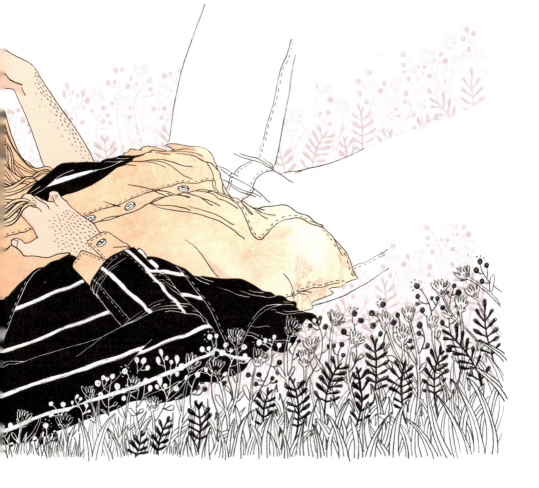

からだった。
　ブライアンは何度かメアリーとデートしたが、それ以上の関係にはならなかった。
　フレディもメアリーにひかれ、6か月間、ちょくちょく店に足を運んだ末、やっと思い切ってデートに誘った。
　そして5か月後には同棲を始め、その生活は6年間続いた。メアリーとの関係は最も長く続き、フレディの人生に最も深い影響を与えた。

そのころには、フレディにとって音楽は何より大切になっていた。勉強は二の次で、すっかりおろそかになった。今や彼のアイドルは、ジミ・ヘンドリックスだった。彼の絵ばかりを描き、その音楽的才能や聴衆をひきこむ能力にあこがれた。歌手として成功したいなら、歌声と同じくらいにパフォーマンスセンスが大事だと気づいたのはその時だった。

　自分のスタイルを模索しつづけながら、フレディはいくつかのバンドに参加した。まずは、ボーカルを探していたリヴァプールのバンド、アイベックス。このバンドは後にレッケージと名前を変えた。アイベックスのベーシスト、ジョン・テイラーによると、フレディは立ち居ふるまいがどことなく女っぽかったので、バンド仲間から「ザ・クイーン」というあだ名をつけられた。けれども、いくらもしないで、フレディは反撃に出た。からかうためにつけられたそのあだ名を逆手にとって、最大の武器に変えたのだ。「ザ・クイーン」は、きみたちよりずっとビッグになるのだよ、ダーリン。

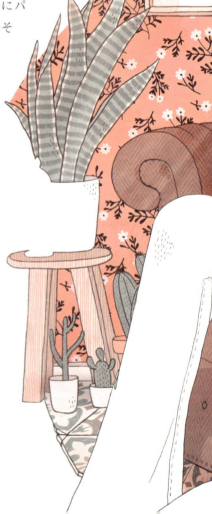

　1970年、ティム・スタッフェルがスマイルを脱退した。そこでフレディの出番となった。かたや自他ともに認めるスマイル・ファンで、所属バンドがないボーカル。かたやボーカルがいないバンド。数学が苦手でも、この方程式は解けるはずだ。すぐにフレディはバンドの新しいボーカルとして名乗りを上げた。ギタリストのブライアン、ドラマーのロジャーとともに新しいバンドを結成し、フレディはバンド名をクイーンとした。
　そのころ、フレディは名字を、バルサラからマーキュリーに変えることにした。なぜそうしたのかについては諸説ある。ブライアン・メイは、フレディ・マーキュリーが書いた初期の楽曲、「マイ・フェアリー・キング」の一節「母なるマーキュリーよ、彼らが僕に何をしたか見てくれ」からとったと言っているが、フレディ自身は、神々の伝令使であるメルクリウス（英語名マーキュリー）への敬意からだと説明していた。
　シャイで引っ込み思案（じあん）の少年、ファルーク・バルサラは、フレディの中にたぶんまだ存在し続けていた。だが、そんなことは知るよしもない。
　フレディ・マーキュリーという名で、フレディはこのとき、またもや生まれかわったのだった。

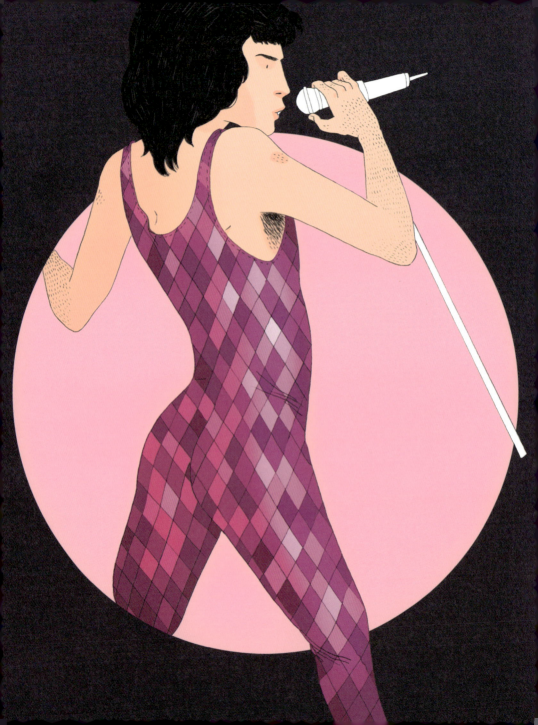

アマチュア・バンドの命は長くない。活動を後押しするような評価を得られないと、挑戦し続けるか、やめるか、やがて決断の時が来る。大学を卒業するとき、クイーンのメンバーは選択をせまられた。音楽に賭（か）けるのか、大学で学んだことを生かして就職するのか。

　フレディに迷いはなかった。ロックスターなど目じゃない。伝説になるのだ。クイーンはバンドのスタイルを磨（みが）き、レコード会社との契約をめざして曲を作り、演奏させてくれるところを探してはライブを続けた。そのころの衣装は、タイトなベルベットパンツと黒いマニキュアという、グラムロック的なファッションだった。ベーシストは何人か出入りがあったが、最終的に1971年、内気なジョン・ディーコンが加わった。オリジナルメンバーがそろい、その後20年以上この4人で活動を続けることになる。

　1972年に、あるライブで「ビッグ・スペンダー」をカバーしたとき、ようやく何人かのプロデューサーの目にとまった。当時の他のロックバンドはレッド・ツェッペリン等の単なるコピーだったが、それにシャーリー・バッシーの歌をミックスした彼らの演奏は、パフォーマンス力はもちろん、他のバンドとの違いをまざまざと見せつけ、ロンドン中心部に最高の録音スタジオを持つ会社、トライデントの幹部の目を引いた。

フレディは子どものころから絵がうまかった。だから、クイーンのビジュアルイメージを彼が手がけたのは当然のなりゆきだった。彼はクイーンの紋章（もんしょう）として、星座のシンボルで表された4人のメンバーが、イニシャルのQを囲む絵を描いた。上ではばたくフェニックス（不死鳥）は、レッケージやスマイルといったグループの灰の中からよみがえったバンドのなりたちの象徴だ。フレディの創造性がよく見てとれる。

　トライデントはクイーンに、「本物の」スターたちが使っていない合間に限って、最新機器を備えたスタジオで録音できるという条件を提示した。その上、バンドが世に出ていくのに必要な楽器とスタッフの費用を負担してくれるという。メンバーたちは舞い上がって、契約書に「会社からの投資をすべて回収するまで、メンバーには週給のみを支給する」と小さな文字で書かれていることに気づかなかった。

　レコーディング期間中、スタジオで進められていた新企画用に、フレディはラリー・ルレックスという名前でカバー2曲を録音した。その企画は実現に至らなかったが、この録音は後にフレディ・マーキュリーファン垂涎の希少版になった。

　トライデントとEMIとの契約により、1973年7月、クイーンのデビューアルバム『戦慄の王女』が全世界で発売になった。だが、アルバムもシングルの「炎のロックンロール」もチャートインせず、アルバムの評判は、フレディが描いた予想には程遠かった。

　ロックスターになれなかった。伝説になるのは、まだまだ先だった。

　デビューアルバムのわずかなプロモーションもそこそこに、メンバーは次のアルバムの曲作りにとりかかった。今度は、スマイルやレッケージの残骸をひきずらず、クイーンならではの曲を作るのだ。新しい楽曲には、ハーモ

今でこそあたりさわりなく聞こえるが、当時クイーンというバンド名は大胆な賭けと言ってもよく、多くの憶測を呼んだ。だが、この驚くべき決断についてきかれたとき、彼らの答えは決まっていた。クイーンという名前は堂々としていて覚えやすく、グラマラスでどこででも通じると。ゲイを暗示するというのはひとつの解釈にすぎない。メンバーはそれについては一切ふれず、あとは自分たちの音楽に語らせた。

ニーやオーディオで音を重ねていく趣向が見え始めた。それは、後にクイーンのトレードマークとなるサウンドの萌芽だった。

　モット・ザ・フープルのイギリス国内ツアーの前座を務め、ある程度成功していたが、クイーンの人気に火をつける引き金となったのは、テレビ番組「トップ・オブ・ザ・ポップス」だった。その番組で、新アルバムの先行シングル「輝ける7つの海」が初めて紹介されたのだ。生演奏こそかなわなかったが、おおぜいの視聴者がクイーンの曲を耳にした。

　テレビの威力は、1974年3月、『クイーンⅡ』が出たとき歴然とした。アルバムは、イギリスのアルバムチャートの5位に入り、デビューアルバムもランクインした。

The other members of Queen

クイーンの他のメンバー

ブライアン・メイは、1947年ハンプトンで生まれた。ティム・スタッフェルとともに、スマイルのオリジナルメンバーだった。ギター担当で、「'39（サーティナイン）」などクイーンのいくつかの曲でメインボーカルを務める。「ウィ・ウィル・ロック・ユー」や「リヴ・フォーエヴァー」など、代表的ヒット曲の作曲もした。

ロジャー・テイラーは1949年ノーフォークで生まれた。1970年の結成からドラムス担当。「RADIO GA GA（レディオ・ガ・ガ）」や「カインド・オブ・マジック」など、ナンバーワンヒットを作曲した。フレディと気があったようで、フレディのソロシングル「ザ・グレート・プリテンダー」のビデオではコーラスに扮して参加している。

ジョン・ディーコンは1951年レスターで生まれた。1971年、ベーシストとして最後に加わった。「地獄へ道づれ」や「ブレイク・フリー（自由への旅立ち）」など、大ヒット曲を作詞作曲し、ある時期、クイーンの「秘密兵器」と見なされた。フレディの2枚目のソロアルバム『バルセロナ』にベースで参加。

　バンドが成功に向けてゆっくりと歩み始めたころ、メンバーは自分たちのファッションスタイルを模索していた。目指すは、グラムロックにおとぎ話的要素を加えたもの。当時のフレディのこのこだわりは、曲のタイトルにも表れている。そこで、デザイナーのザンドラ・ローズにアプローチした。みながよく知る1970年代のクイーンの衣装は、ザンドラのデザインだ。

　1974年の夏、新しいアルバム『シアー・ハート・アタック』の録音に取りかかった。最初の大ヒットシングル「キラー・クイーン」が収められたアルバムだ。今では、「クイーン・サウンド」の起源と考えられているこの曲がリリースされると、フレディはソングライターとして初めての重要な賞、アイヴァー・ノヴェロ賞（1975年）を受賞した。

　ところが、アルバムがチャートの上位にランクインし、欧米や日本でもツアーは成功しているのに、メンバーにお金は入ってこなかった。契約書に小さな文字で書かれた条項が予想以上に重くのしかかっていたのだ。彼らは弁護士を雇って交渉し、トライデントとの契約を打ち切った。

　以来、クイーンは、自分たちの音楽が生みだすビジネス規模を自覚し、自らマネージメントするようになった。また、フレディの個人的な友人で、当時エルトン・ジョンと仕事をしていたジョン・リードを雇いいれた。ジョンはバンドのマネージャーとして、「行け、最高のアルバムを作れ。あとのことは俺が引き受ける」と、けしかけた。数か月後、この言葉を後悔したに違いないが。

ジョン・リードは、初めてフレディの家を訪ねたときは驚いたと語っている。グラムロックのスター像の陰に、猫に囲まれて、ライザ・ミネリを聴くのが好きな、おとなしい青年が隠れていたからだ。

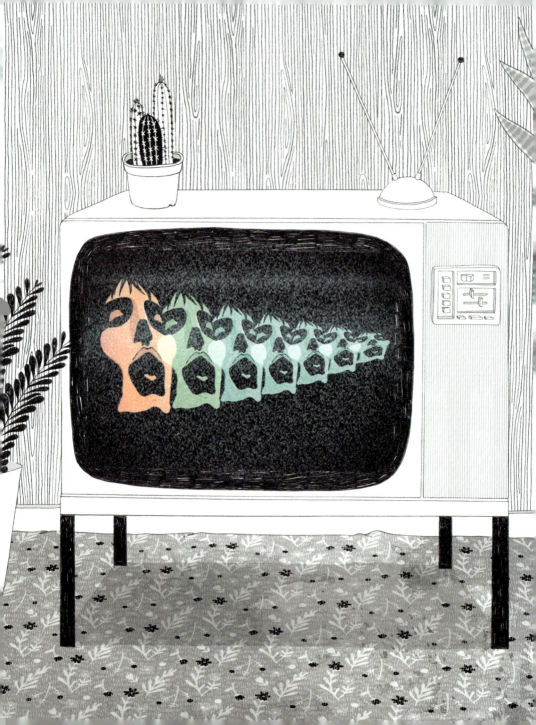

次のアルバム『オペラ座の夜』は、最も制作費がかかったアルバムのひとつだ。その時点でクイーンはすでに、聴くなり彼らとわかる独自のサウンドを見つけていたが、1枚にポップス、ロック、オペラ、1920年代のボードビル風など、さまざまな曲調の楽曲が入ったこのアルバムは、評論家をとまどわせた。

　4人のつくる曲調がそれぞれ違っていたことは、クイーンが成功した理由のひとつだ。しかし、それが衝突の原因にもなった。どの曲をシングルカットするかは、どの曲がいちばん聴かれるようになるか（エゴのレベルで重要なこと）だけでなく、誰により多額の著作権料が入るかを意味したからだ。

　だが、『オペラ座の夜』からどれを最初にシングルカットするかは、全員の意見が一致した。フレディが作詞作曲した、6分近くある「ボヘミアン・ラプソディ」だ。無限に広がる重層的なハーモニー、多様な要素、ロック史上に残るギターソロ、今でも謎の多い歌詞を持つこの曲は、その時のクイーンのすべてを表現していた。

「ボヘミアン・ラプソディ」は英国のチャートのトップに輝いた。9週連続で1位をキープし、史上最も売れたシングルのひとつになった。1位から転落させたのは、ABBAの「マンマ・ミーア」だ。「ボヘミアン・ラプソディ」にも、「オー、ママ・ミーア、ママ・ミーア、ママ・ミーア、レット・ミー・ゴー」という歌詞があるのは面白い。

　この曲のプロモーションのために、彼らはテレビ番組「トップ・オブ・ザ・ポップス」で流すビデオを制作した。このビデオは、多くの視聴者にとって、史上初のビデオクリップとなった。撮影監督はブルース・ゴワーズ。後に何シーズンか、「アメリカン・アイドル」のプロデューサーを務めた人物だ。ちなみに、「アメリカン・アイドル」のシーズン8に登場したアダム・ランバートは、優勝はのがしたが、今、クイーンのツアーにボーカルとして参加している。

「ボヘミアン・ラプソディ」は

悪魔に魂を売る人物の歌だと断言する者もいれば、アルベール・カミュの『異邦人』にインスピレーションを受けた歌詞だと言う者もいる。が、フレディの自伝的要素が多く含まれているという点は誰もが認めているようだ。フレディ本人は、公式に認めたことがなかったが。

1975年、フレディは浮気したことと、同性愛者だということをメアリー・オースティンに告白した。

それはある意味で、それまでの自分を殺し、新しい自分を探す、心の旅の始まりだった。

"ママ、たった今、人を殺した
彼の頭に銃をつきつけて
引き金を引いたら
そいつは死んでしまった"

この心の旅で、フレディは自らの裁きと、他人による裁きに向き合うことになる。

"彼は貧しい生まれの哀れな男にすぎない
このひどい運命から命を救ってやろう"

　1976年、クイーンは世界的な成功を収め、ついに富と名声を手にした。だが、この人気上昇は、フレディのプライベートでのつらい時期と重なった。そのころ、メアリー・オースティンとの関係が終わったのだ。

　小さなファルーク・バルサラは、自信に満ちあふれたフレディ・マーキュリーという人物像を作り上げた。が、ロックスターの扮装(ふんそう)にほころびが出るのは時間の問題だった。クイーンのハーモニーの多重録音のように、フレディは何層ものよろいを身にまとい、真実の自分に人をよせつけまいとした。

　自分自身にもメアリーにも誠実でなかったことが、何よりフレディを苦しめた。数年前から、なかば真実でもあった浮気のうわさで、ふたりの関係は汚され、変わってしまっていた。だから、フレディからバイセクシュアルであることを正直に告げられたとき、疑いや恐れから解放されたメアリーは、それを真実としてすんなりと受け入れた。

　この告白をメアリーは、フレディが自分の同性愛を認める第一歩としてとらえ、彼を支えていく覚悟を決めた。本当のフレディを否定するわけにはいかなかったし、否定したくもなかったからだ。恋人ではなくなっても、ふたりの愛は最後まで変わらなかった。メアリーは、フレディの人生において最も大切な人だった。いくつものインタビューでフレディは、彼女は信用できるただひとりの人であり、生涯(しょうがい)最も愛した人のひとりだと語っている。メアリーのために「ラヴ・オブ・マイ・ライフ」を書いたのには、それなりの理由があったのだ。

その時からフレディは、自分にもまわりにもより正直に、新しい人生を歩み始めた。そのころ、その後長く友情で結ばれる、新しい友だちが現れた。コメディアンのケニー・エヴェレット。それに、ミュージシャンでプロデューサーのデイヴ・クラークだ。

　フレディはロックスターになったことによる新しい生活、とりわけ経済面を満喫するのをはばからなかった。だが、誰もが同意見ではない。1976年に『華麗なるレース』をリリースしたとき、グラマラスな恋愛、ホテル・リッツでのディナー、億万長者の悩みについて歌う曲をマスコミは軽薄だと批判した。しかし、マスコミはそれまでも一度としてほめたことはなかったのだ。メンバーは気にせず、聴衆のことだけを考えることにした。

アルバムのプロモーション中、音楽誌「NME」の評論家がインタビューをした。目指すことは何かときかれたとき、フレディは「バレエを大衆に近づけること」と答えた。すると、評論家はその記事の見出しで、フレディをバカ呼ばわりした。フレディはひどく気分を害し、それからはできるだけ取材を受けず、世間の目から距離を置くようになった。

この男はバカか?

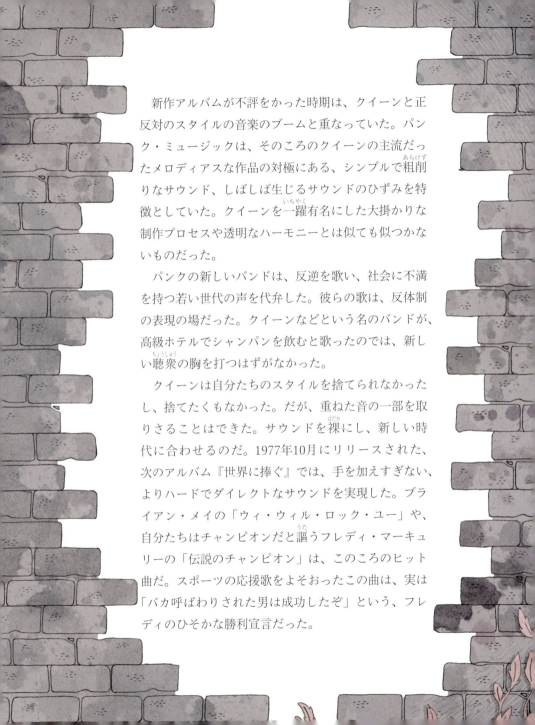

　新作アルバムが不評をかった時期は、クイーンと正反対のスタイルの音楽のブームと重なっていた。パンク・ミュージックは、そのころのクイーンの主流だったメロディアスな作品の対極にある、シンプルで粗削りなサウンド、しばしば生じるサウンドのひずみを特徴としていた。クイーンを一躍有名にした大掛かりな制作プロセスや透明なハーモニーとは似ても似つかないものだった。

　パンクの新しいバンドは、反逆を歌い、社会に不満を持つ若い世代の声を代弁した。彼らの歌は、反体制の表現の場だった。クイーンなどという名のバンドが、高級ホテルでシャンパンを飲むと歌ったのでは、新しい聴衆の胸を打つはずがなかった。

　クイーンは自分たちのスタイルを捨てられなかったし、捨てたくもなかった。だが、重ねた音の一部を取りさることはできた。サウンドを裸にし、新しい時代に合わせるのだ。1977年10月にリリースされた、次のアルバム『世界に捧ぐ』では、手を加えすぎない、よりハードでダイレクトなサウンドを実現した。ブライアン・メイの「ウィ・ウィル・ロック・ユー」や、自分たちはチャンピオンだと謳うフレディ・マーキュリーの「伝説のチャンピオン」は、このころのヒット曲だ。スポーツの応援歌をよそおったこの曲は、実は「バカ呼ばわりされた男は成功したぞ」という、フレディのひそかな勝利宣言だった。

1978年夏に、パンクの影響がイギリスほど強くなかったアメリカでのツアーを成功させた後、次のアルバムの曲作りのため、フレディとメンバーたちは数か月の休みをとった。

　これがフレディの人生のうちで、最もクレージーな時期の幕開けとなった。無茶と、自分のセクシュアリティの発見と享受に彩られた日々。ライフ・サイクルにおいて、これまでがさなぎだったとするなら、何年もこもってきたその殻をついに破った。今こそ、輝く新しい羽を広げ、存分に楽しむ時だ。

Don't stop me now.
ドント・ストップ・ミー・ナウ
今は僕を止めないで

『ジャズ』のリリース後、プライバシーを侵害するマスコミ攻勢に疲れ、フレディはしばらくイギリスを離れることにした。新たなことを体験し、楽しみ、生きてみたかった。それには、ニューヨークは絶好の街だった。それほど騒がれず、同時に大スターとしての特権も十分味わえる。ニューヨークでフレディは毎日とっかえひっかえ違う恋人と過ごした。どの相手とも、ベッドを共にするのは一晩だけ。そんなある夜、料理人のジョー・ファネリと出合い、イギリスの自宅のシェフとして雇うことにした。

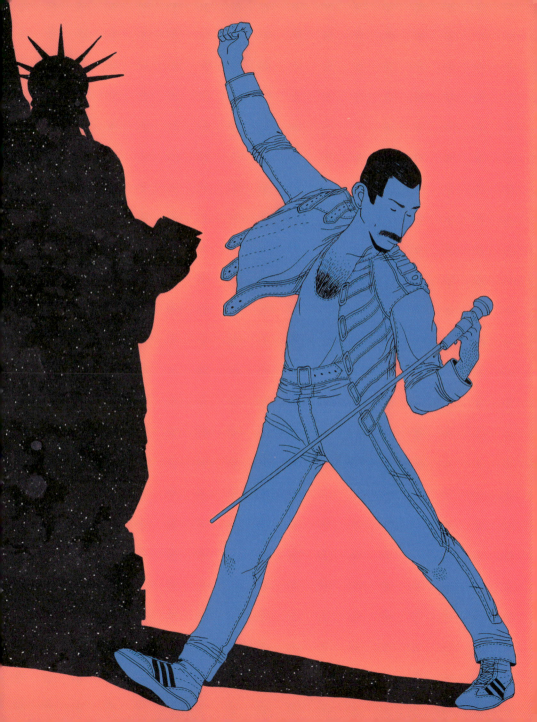

ニューヨークにいたあいだ、昼と夜の境がほとんどなくなった。フレディは心のままに街をさまよい、見える景色を楽しんだ。根は、笑うときに恥ずかしげに手で口を覆うシャイな少年のままだったが、アルコールと不摂生ではめをはずし、自分の檻に戻ろうとしない野獣と化した。

> ピーター、ギターを持ってきてくれ、早く!

　1979年6月、新アルバムを録音するため、クイーンのメンバーはミュンヘンに再集合した。フレディはホテルのバスタブの中でふいにひらめいて、初の全米1位になる曲を書いた。プレスリーばりのロックンロールの楽曲「愛という名の欲望」だ。

　ツアーに同行して必要なものをそろえてくれるアシスタントがほしいと、フレディは前々から当時のマネージャー、ジョン・リードに訴えていた。ジョンは、うってつけの人物としてポール・プレンターを紹介した。ブライアン、ジョン、ロジャーは、なぜだかすぐに、ポールに助けを求めなくなった。ロジャーは、「考えうる限りで最悪の人選」だったと語っている。だが、フレディはあれこれと仕事を頼むようになり、ポールは一夜にして（とりわけ夜は）彼の戦友となった。

　80年代に入り、8枚目のアルバム『ザ・ゲーム』が出た。そのアルバムからの4枚目のシングルはマイケル・ジャクソンが選んだ。クイーンのコンサートによく足を運んでいたマイケルが、あるショーのとき、「地獄へ道づれ」をシングルカットしないのはどうかしているとコメントしたのだ。メンバーは真剣に悩んだ。ジョン・ディーコンのこの曲は、このアルバムからはずされかけたものだったからだ。だが、マイケルの勘は的中した。この曲は、

全米1位に輝いた2枚目のシングルになり、全世界で700万枚の大ヒットとなった。

　最新シングルで世界的大ヒットをとばし、それまでのレコードでミリオンセラーを重ねてきたクイーンは、今や世界で人気絶頂のバンドだった。だが、成功はつかむより維持するほうがずっと難しい。メンバーたちは、天下はつかの間だとわかっていた。自分たちが他のバンドにとって代わったように、彼らを1位から追い落とす新しいバンドが後から現れるだろう。

　でもその時、その瞬間、クイーンは全世界を制覇(せいは)していた。

「地獄へ道づれ」のプロモーションビデオは、フレディの新しいイメージを世界に向けて発信した。彼の全音楽活動を通して最も彼らしいイメージとして定着した、口ひげとタンクトップとタイトなパンツで登場したのだ。80年代初めのニューヨークのゲイファッションに影響を受けたこのスタイルは、万人の賛同は得られなかったが、宣伝としては申し分なかった。「口ひげは、フレディが自殺したとしてもこうはならないだろうというほど宣伝効果があった」と、ロジャー・テイラーが言ったほどだ。

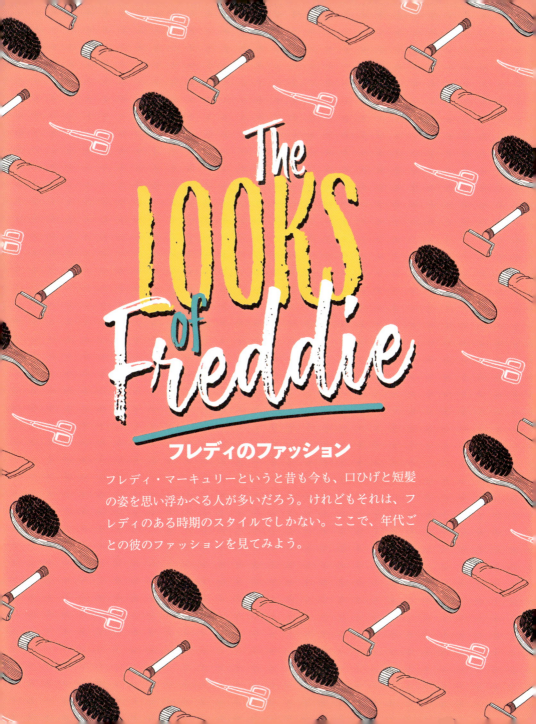

The LOOKS of Freddie

フレディのファッション

フレディ・マーキュリーというと昔も今も、口ひげと短髪の姿を思い浮かべる人が多いだろう。けれどもそれは、フレディのある時期のスタイルでしかない。ここで、年代ごとの彼のファッションを見てみよう。

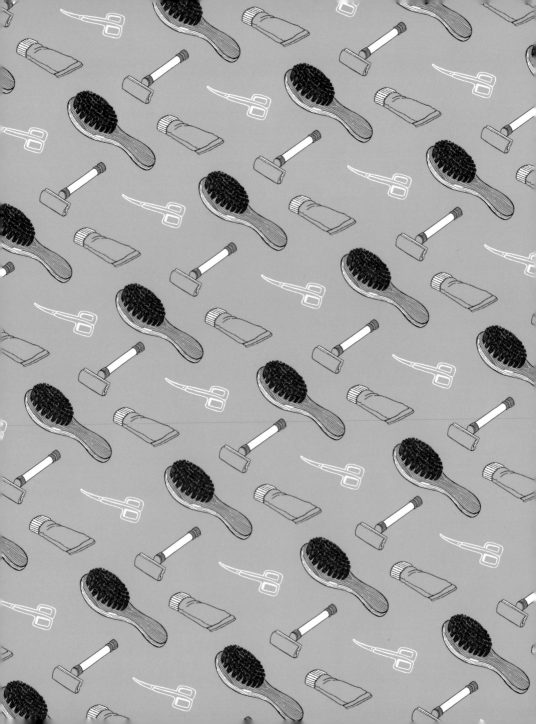

ニューヨークの夜は、ファッションに変化をもたらし、フレディの中にディスコミュージックへの新たな関心を芽生えさせた。フレディへの影響力を日ごとに増していたポール・プレンターは、ギターやドラムのサウンドはもう古い、ドナ・サマーのようなスタイルを模索すべきだと主張した。しかし、ブライアンとロジャーは賛成せず、クイーンの真髄とメンバーの良好な関係をポールが壊そうとしていると、不信感を示した。

　それでも、「地獄へ道づれ」のヒットに背中を押されたメンバーは、ファンクとディスコミュージックをさらに追求し、その路線でニューアルバム『ホット・スペース』を完成させた。ただし、1982年に発売されたこのアルバムには、あまりに趣味がかけ離れているという理由でロジャーとブライアンが演奏しなかった曲もあった。

　このアルバムは一部の音楽評論家から、ディスコミュージックの流行に乗り遅れた駄作と酷評された。フレディは、ファンクの炸裂を先取りしすぎたのだとやり返した。理由はともかく、アルバムの売れ行きはさんざんだった。デヴィッド・ボウイと録音したシングル「アンダー・プレッシャー」がイギリスでヒットしたのが、せめてもの救いだった。

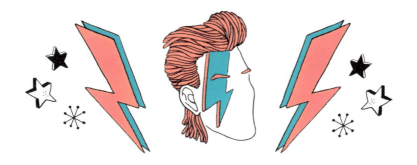

『ホット・スペース』の失敗はバンドにとって大きな痛手となったと同時に、メンバー間の隔たりをあらわにした。仕事上の衝突はよくあること（ある意味、意見のぶつかりあいが歌をよりよいものにしてきた）で、秘密でもなんでもなかったが、その衝突が一線を越えてプライベートに及ぶこともあった。メンバー同士の人間関係は良かったが、フレディは常々「クイーンは音楽バンドで、ファミリーじゃない」と正直な思いを語っていた。メンバーはみな公私を切り離し、ツアーと数か月にわたるレコー

ディング以外は共に過ごすことはなかった。

しかも、その時期フレディのライフスタイルは、他のメンバーとまるっきり違っていた。ツアー中でさえ、ステージを降りたら別行動をとった。その一因はポール・プレンターにあった。ポールがいつでもフレディ用の別のプランを用意していたのだ。

アルバムの売り上げは最低、メンバーはたがいに疎遠になり、クイーンは最大の危機に陥った。けれども、彼らは解散という最終手段をとる代わりに、しばらく時間を置いて、各自ソロ活動に取り組むことにした。

ギターソロ

　フレディ・マーキュリーのソロとしての初仕事に、音楽関係メディアは一定の期待を寄せた。フレディが最初のソロアルバムの制作にとりかかったとき、実はロジャーとブライアンもすでにソロ活動を開始していたのだったが……。

マイケル・ジャクソンのアルバム『スリラー』で莫大な利益を得たＣＢＳは、フレディのソロアルバムに、多額の前払金をポンと提供した。だが、他のメンバーはおもしろくない。クイーンがこれまでに受け取ってきた額より、はるかに高額だったからだ。しかし、フレディはソロアルバムから生じる金銭への関心を隠さなかったし、それにも増して、自分の名前で曲を世に送り出したい、『ホット・スペース』でスタートした音楽路線を追求したいという思いが強かった。

1983年初め、ミュンヘンのミュージックランド・スタジオで、初のソロアルバムの制作が始まった。最初は、何曲か他の歌手とコラボすることも考えた。才能あるアーティストが加われば、音楽面でも売上でもプラスの効果が期待できる。

そこで、ロッド・スチュワートやマイケル・ジャクソンとデモを録音し、マイケルとは3曲レコーディングした。けれども、ソロアルバムには結局どれも収録されなかった。マイケルと録音した曲のひとつが、何年もたってからクイーンのコンピレーションアルバムに収録されただけだった。

フレディはこの経験から、複数の強烈なエゴをコーディネートするのは、自分自身のエゴをコントロールするよりはるかに難しいことを悟り、結局、ひとりでアルバムを制作することにした。最終的な責任は自分で負うことになるが、それなら何から何まで自由に動ける。

けれども、数か月過ぎたところで、フレディは行きづまった。アイデアがまったく出てこない。ロジャー・テイラーがちょくちょくスタジオに顔を見せたが、何度行ってもいっこうに進展していない。フレディはヒット作を生み出すことを軽く見ていたのだ。誰の助けも借りずに作るなら、産みの苦しみはさらに大きくなって当然だった。

　まわりの環境もよくなかった。ミュンヘンに来て、ロンドンで取り巻いていたマスコミやファンから離れ、無名の人間として暮らせるようになったフレディはドイツのナイトライフの常連になった。つれだっていたのはバーバラ・バレンティンだ。ふたりは、ドイツにいる間ベッドを共にし、恋人を共有し、数えきれない夜を共に過ごした。その一方でフレディは、英語も話せないドイツ人レストラン経営者ウィニー・キルヒベルガーとの関係も続けようとした。

　同じ1983年の夏、クイーンは新作映画の音楽制作の依頼を受けた。映画音楽といえば、1980年、アルバム『ザ・ゲーム』をレコーディングしたときに、ディノ・デ・ラウレンティス監督(かんとく)の映画「フラッシュ・ゴードン」のメインテーマといくつかの曲を制作したことがあった。しかし、メンバーはとりかかろうとロサンゼルスに集まったものの、結局その仕事を断った。バンドとしての復帰第1弾が、第三者からの依頼というのはありえない。そこで、集合したのを機に新作にとりくみ、それが10枚目のアルバム『ザ・ワークス』として実を結んだ。

　ナイトライフと不摂生がたたって、フレディはそんな生活に疲れを感じ始めていた。他のメンバーはそれぞれ家庭を築き、何か月も続く長いツアーのあとには、待っている家族がいて、戻れる家がある。でもフレディにはどちらもなかった。とはいえ、そのころのフレディは、人生のパートナーを見つけたいと望む一方で、初対面の人間をひどく警戒した。その友情が誠実かどうか、何か思惑があるのではと疑わずにはいられなかった。
　自分の殻と、ごく親しい交友関係にこもった末、フレディは、ポール・プレンターをアシスタントからはずすことにした。かわって頼んだのは、仲間からフォーブと呼ばれていたピーター・フリーストーンだ。ピーターは、フレディにとってアシスタント以上の存在になり、最後まで気のおけない友となった。

1984年、アルバム『ザ・ワークス』をリリースし、クイーンは活動を再開した。アルバムに先立って発売されたシングル「RADIO GA GA」が、数年ぶりの大ヒットになる。シングル「ブレイク・フリー（自由への旅立ち）」では、メンバー全員が女装したミュージックビデオが物議をかもした。マスコミはすぐさま、この歌詞や映像をフレディの私生活と結びつけ、彼の同性愛宣言と解釈した。しかし、この曲の作詞作曲はジョン・ディーコンで、ビデオはロジャー・テイラーの恋人のアイデアだったので、フレディとは無関係だった。

　実はイギリスでよく知られたテレビドラマのパロディだったこのビデオは、ヨーロッパでは面白がられた。だが、アメリカでの受けとめ方は違った。その時代のアメリカは非常に偏狭だった。それまでのフレディの一目瞭然のゲイファッションは見すごされてきたが、今回はそうはいかなかった。他の音楽ジャンルならまだしも、ロックでは男らしさというコンセプトが幅をきかせていた。

　その結果、MTVはこのビデオを放送禁止にし、アメリカでの放送用に別のビデオを制作するようもちかけた。だが、クイーンはそれをきっぱりと拒否した。そんなわけで、「ブレイク・フリー（自由への旅立ち）」でクイーンは再び大ヒットを生み出したが、米国を永遠に失うことになったのだった。

1984年9月、フレディ・マーキュリーは初のソロシングル「ラヴ・キルズ」を発売した。映画「メトロポリス」ジョルジオ・モロダー版のサウンドトラックの1曲であるこのシングルは、イギリスでトップ10に入り、アルバム作りにとりくんでいたフレディを勇気づけた。しかし残念ながら、1985年にリリースされた初のソロアルバム『Mr. バッド・ガイ』は、フレディにもレコード会社にも、そしておそらくファンにとっても期待はずれに終わった。

　フレディはよくクイーンの4人のメンバーを、「4つの頭を持つヒュドラ」にたとえていた。4つのエゴはコントロールが難しかったが、同時にその衝突がクイーンの多くの大ヒットにつながっていた。頭が4つ寄れば、ひとつの頭よりもいい知恵がうかぶ。たとえそれがヒュドラのものであっても……。

けれども、ことにレコード会社にとって失敗作となった『Mr.バッド・ガイ』のおかげで、フレディはクイーンのメンバーと曲を作っていくことが個人的にも仕事の上でもいかに大切かを再認識できた。また、こよなく愛するペットの猫たちに、アルバムを捧げることもできた。
　それに、この仕事上のつまずきは、このときのフレディにとってはささいなことだった。というのも、1984年末に美容師のジム・ハットンと出合い、一生のパートナーを得るという夢がかなったからだ。フレディはケンジントンのバーで初めてジムと会ったとき、酒をおごろうとして断られた。その見知らぬ男は、ほかでもない偉大なロックスター、フレディ・マーキュリーだと仲間たちに耳打ちされても、ジムはそれが誰だかさっぱりわからなかった。
　ジムが自分を知らなかったことで、フレディは一層強く心を引かれたに違いない。向こうから近づいてくる相手には、何か魂胆があるのではと不信感を抱いていたフレディだ。スターとしての自分を知らないのは、ありのままの自分を知ってもらうチャンスになる、願ってもない吉兆に思われた。だが、その夜はそれ以上の進展はなかった。
　次にふたりが会ったのは、最初の出合いから18か月後のことだった。その間にフレディはジムのことを調べ、よく行く場所もわかっていた。再会した夜、フレディは前と同様、一杯おごろうと誘った。そして、思わせぶりなやりとりの後、連れ立ってクラブを出ていった。以来、ふたりは二度と離れることがなかった。同性婚が許される何年も前から、フレディはジムのことをいつも「夫」と呼んでいた。

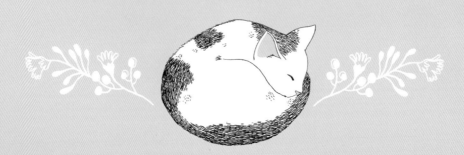

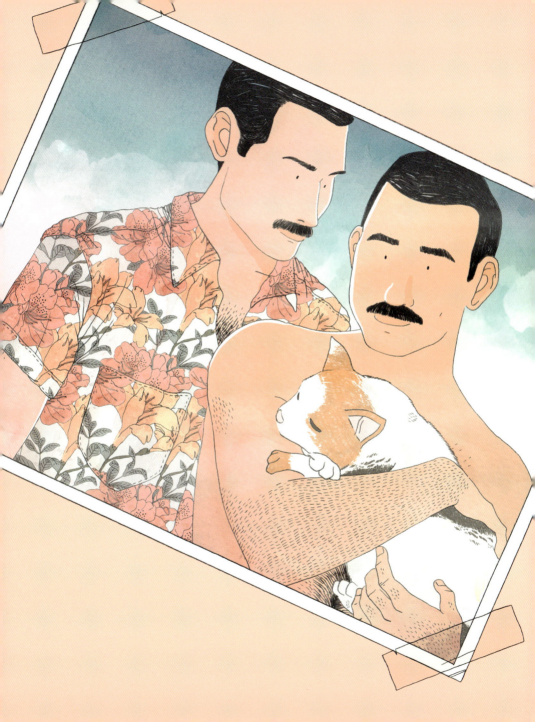

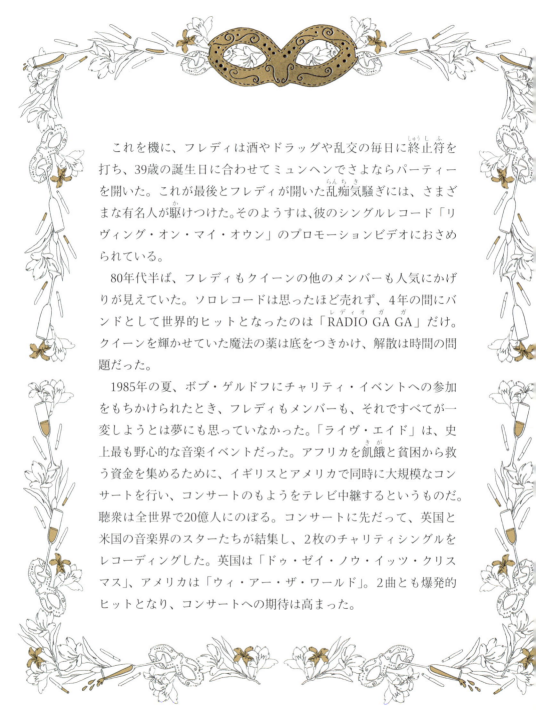

　これを機に、フレディは酒やドラッグや乱交の毎日に終止符を打ち、39歳の誕生日に合わせてミュンヘンでさよならパーティーを開いた。これが最後とフレディが開いた乱痴気騒ぎには、さまざまな有名人が駆けつけた。そのようすは、彼のシングルレコード「リヴィング・オン・マイ・オウン」のプロモーションビデオにおさめられている。

　80年代半ば、フレディもクイーンの他のメンバーも人気にかげりが見えていた。ソロレコードは思ったほど売れず、4年の間にバンドとして世界的ヒットとなったのは「RADIO GA GA」だけ。クイーンを輝かせていた魔法の薬は底をつきかけ、解散は時間の問題だった。

　1985年の夏、ボブ・ゲルドフにチャリティ・イベントへの参加をもちかけられたとき、フレディもメンバーも、それですべてが一変しようとは夢にも思っていなかった。「ライヴ・エイド」は、史上最も野心的な音楽イベントだった。アフリカを飢餓と貧困から救う資金を集めるために、イギリスとアメリカで同時に大規模なコンサートを行い、コンサートのもようをテレビ中継するというものだ。聴衆は全世界で20億人にのぼる。コンサートに先だって、英国と米国の音楽界のスターたちが結集し、2枚のチャリティシングルをレコーディングした。英国は「ドゥ・ゼイ・ノウ・イッツ・クリスマス」、アメリカは「ウィ・アー・ザ・ワールド」。2曲とも爆発的ヒットとなり、コンサートへの期待は高まった。

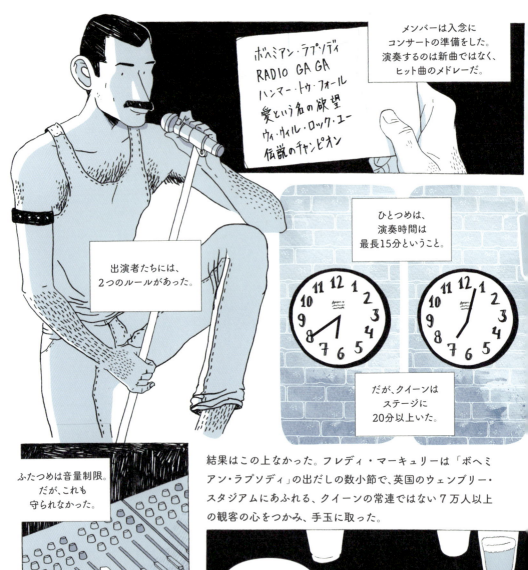

　1986年初め、フレディ・マーキュリーは人生で最も充実した日々を送っていた。やっと分別をわきまえ、メアリー・オースティンが見つけてくれたケンジントンの豪邸、ガーデン・ロッジに落ち着き、(ツアー中、かかさず電話をしていた) 猫たち、そしてジム・ハットンと暮らしていた。あれほど望んできた安定をジム・ハットンと共に見つけたのだ。その上、ライヴ・エイド以来、改めてメディアの注目が集まり、クイーンの活動が再び活発になった。いくつかのソロプロジェクトも並行して進んでいた。

　ソロ活動のひとつは、友人デイヴ・クラークが書いた「タイム」というミュージカルの仕事だった。「タイム」は、1986年4月にドミニオン・シアター (この劇場は、後に、クイーンのミュージカルを12年にわたって上演することになる) で初演された。フレディは、このミュージカルの主演をクラークから頼まれて断ったが、後にこのミュージカルのアルバムのために3曲を作った。そのうちの1曲、ミュージカルと同名の「タイム」がシングルカットされた。このシングルはあまり評判にならなかったが、この仕事でプロデューサー、マイク・モランと出合った。マイクはその後、フレディにとって重要な役割を果たすことになる。

ライヴ・エイドの大成功をきっかけに、クイーンのメンバーたちはミュージックランド・スタジオに集まり、新しい曲作りにとりかかった。それらがおさめられたアルバム『カインド・オブ・マジック』には、映画「ハイランダー 悪魔の戦士」のために作った曲や、「ワン・ヴィジョン」や「心の絆」といった新たな大ヒット曲が収録された。1986年にこのアルバムがリリースされると、クイーンは再び売り上げチャートのナンバーワンを獲得し、「マジック・ツアー」と名づけた新しいツアーにのりだした。

　フレディは、観衆を魅了するすべを心得ていて、クイーンは、質の高いステージと、光と音による花火ショーを融合した大規模動員ツアーの幅広い経験があった。巨大スタジアムのために構想された「マジック・ツアー」は、音楽評論家からも観客からも絶賛された。しかし不幸なことに、バンドのオリジナルメンバー4人がそろったツアーは、これが最後となった。彼らは、ウェンブリー・アリーナの2回のコンサートでツアーを締めくくるつもりだったが、チケットがあっという間に売り切れたため、もう1日さらに大きな別会場で公演をせざるをえなくなった。

　1986年8月9日、クイーンは、ネブワースパークで屋外コンサートを行い、12万人の観客を前にツアーのフィナーレを飾った。その夜、フレディは聴衆にいつも見せてきた、最高にエネルギッシュなパフォーマンスを保つのに苦労した。ひどい風邪をひいていたせいだとも言われているが、実際は疲労の極に達していた。ツアー中からすでにフレディは、ステージでジャンプし続けるには年を取りすぎたと冗談まじりに言い、そう長くはツアーを続けないと明言していた。メンバーは真に受けていなかったが、ネブワースパークのステージから降りたときにフレディは、もう二度とコンサートはしないと宣言した。

オペラ

　1986年の夏の終わり、フレディとジムは息ぬきに日本旅行を計画した。出発の数日前、体調をチェックするために健康診断を受けたが、そのことがどこからかマスコミにもれてしまった。

メディアがフレディの健康状態や疑われる病気について勝手に憶測を始めたころ、ふたりはまだ日本にいた。旅行から戻ったとき、空港で待ち構えていた記者たちが、体調が悪いのはエイズと何か関係があるのかと質問したが、フレディはきっぱりと否定した。
　その時点でフレディがHIVに感染していることを自覚していたかどうかは知るよしもないが、心配し始めていたのは確かだ。少し前に、元恋人ふたりがHIV感染で亡くなったという知らせを受けていたので、不安は増すばかりだった。未知のことにありがちなことだが、当時エイズについてよく知られていなかったので、誤った情報やデマが瞬く間に広がった。HIVの感染を見境のないセックスと結びつける者もいれば、エイズは同性愛者への神の報いだと論じるマスコミもあった。
　そういう時代にHIV保菌者であることは、人生を根底から覆す烙印を押されることだった。ウイルスの働きを抑える効果的な治療法がまだなかったので、感染を疑いつつ、検査を受けたがらない者も多かった。陽性とわかると、体の苦痛に社会的プレッシャーが加わるだけだったからだ。当時、HIVウイルス陽性の診断は、遅かれ早かれ、死を意味した。

それでも前に進もうと、1987年初め、フレディはマイク・モラン
に連絡をとった。長いこと温めてきたアイデア、プラターズの懐か
しの名曲「グレート・プリテンダー」のカバーシングルにとりくむた
めだ。クイーンは楽曲を自作していたので、他のアーティストのカバー
は眼中になかった。フレディは、あれこれ考えるよりも自分の直感を信
じようと決め、フレディ・マーキュリー・ヴァージョンの
「グレート・プリテンダー」の録音に踏み切った。

　もともと「グレート・プリテンダー」はラブ
ソングだが、フレディの手にかかると、遥かに
広い意味を持つ意思表明の歌になった。自分が
作り出したさまざまなキャラクターを装うこと
（プリテンド）は、本当の自分の姿を隠すための手段
にほかならない。フレディはこの曲によって、デビュー
当初から、作りあげてきた自分の虚像という影を手放した。
「ザ・グレート・プリテンダー」は、自分の手の内をさらけだす、
思いきった告白だった。

　1987年2月、イギリスで発売になると、「ザ・グレート・プリテン
ダー」はヒットチャートの4位にランクインし、フレディのソロシングル
ではこれまでの最高の売り上げを記録した。B面には、マイク・モランのピ
アノ伴奏で、クラシック調の「エクササイズ・イン・フリー・ラヴ」が収め
られた。B面用の曲がなくて即興で作られたものだが、次のソロの仕事につ
ながるきっかけとなった。まだその時は、この曲が何をもたらすか、想像も
していなかったのだが。

— 92 —

フレディの声

　2016年、オーストリア、チェコ、スウェーデンの科学者が、なぜフレディ・マーキュリーの声は誰にも真似できないのかを解明した共同研究を発表した。その研究が理由としてあげたのは、テクニックを超えた、信じられないほど幅広い声色だ。フレディは、ロック歌手特有の野太いうなり声から、透き通るような高音のファルセットまで出してみせた。

　フレディは、セント・ピーターズ・スクールの合唱団で教わった以外に、歌のレッスンを受けたことはなく、発声テクニックとは無縁だった。しかも、「過剰歯」、つまり4本歯が余分にあるせいでやや出っ歯の状態だった。それを幼いころから恥ずかしがっていた（人気絶頂のロックスターになってもコンプレックスがあり、笑うときはいつも手で口を覆っていた）が、声の出方が変わるのを恐れて手術はしなかった。

　声帯結節ができても歌い続けた。どんなに調子が悪くても、喉を休ませるようにという医者の勧めをほとんどいつも無視した。

1986年、「マジック・ツアー」のスペイン公演のとき、好きな歌手は誰かとある記者がたずねた。フレディは、インタビューでは口ごもることも多いのだが、その質問にはさっと答えた。

　以前フレディは、アシスタントのピーター・フリーストーンと、ロンドンのロイヤルオペラハウスに行ったことがあった。喉を鍛え、声をコントロールするオペラ歌手たちを深く尊敬していた。だが、フレディいわく、スペイン人のソプラノ歌手、モンセラート・カバリエが舞台に登場したとたん、もうカバリエしか目に入らなくなった。その歌声の虜になり、「あれは誰だ」とまわりにたずね、知り合いになりたいと騒ぎたてた。

　だから、答えは決まっていた。好きな歌手は、断然モンセラート・カバリエ。なぜって、「彼女は音楽そのもの」だと答えた。この発言がほどなくカバリエ本人の耳に入った。彼女は気をよくし、バルセロナで会おうとフレディを誘った。

　翌年3月、会うなりふたりは意気投合した。そのまま朝まで話しこみ、笑い、歌った。少し前にフレディがシングル「ザ・グレート・プリテンダー」に入れたあの「エクササイズ・イン・フリー・ラヴ」を即興で合唱もした。そしてその夜息づいていた魔法を、共演か何かで形にしようと決めた。フレディは、デュオで1曲レコーディングしようともちかけた。カバリエは、ロックのアルバムにはふつう何曲収録するものなのかとたずねた。「9曲か10曲」と告げると、「いいわ、じゃ、9曲か10曲やりましょう」とやる気満々の答えが返ってきた。フレディは、あの語り草となった1977年のインタビューで言っていたように、クラシックバレエを大衆に近づけることはできなかったが、ロックの観客

をオペラに近づけたのは間違いない。

その日以来、フレディはモンセラート・カバリエのことを〈モンツィ〉と親しみをこめて呼ぶようになった。そして一緒に2枚目のソロアルバムの制作にとりかかった。フレディの弁護士で、時々バンドのマネージャーも務めたジム・ビーチが、レコード会社CBS（シーピーエス）の幹部にこのアルバムの話をもちかけたとき、会社側はソロ1作目の『Mr.（ミスター） バッド・ガイ』の損失にこりて、再びフレディに金をかけるのをしぶった。そして、デュエットだと聞くとやや興味を示したものの、相手が女性オペラ歌手だとわかると、契約解除は決定的になった。

だが、フレディはこの企画に夢中になり、誰になんと言われようが関係なかった。当時体調は悪化し始めていたが、アルバムはなんとしても出すつもりだった。フレディの2枚目のソロアルバム、モンセラート・カバリエとのコラボによる『バルセロナ』のお披露目（ひろめ）コンサートのとき、フレディにはHIV（エイチアイブイ）による症状が現れていた。外目にもわかるほどで、その夜はメイクでごまかしたが、病気の進行はもう止めようがなかった。

1987年の春、フレディは再度検査を受け、HIV感染が確認された。そのときは、ジム・ハットン、ジョー・ファネリ、アシスタントのピーター、親友のメアリーにだけ打ち明けた。またジム・ビーチにも、クイーンの他のメンバーには絶対に言わないという約束で伝えた。

フレディは、クイーンのメンバーと音楽を作り続けたかった。音楽があるうちは、生きていられる。

— 97 —

ロック

　1987年5月、フレディの元アシスタント、ポール・プレンターが、タブロイド紙「ザ・サン」に、フレディ・マーキュリーがエイズに侵されているという特ダネを売った。しかも、フレディの元恋人ふたりがエイズで死んだことをはばかることなく暴露した。

　その瞬間から、ガーデン・ロッジのまわりに記者たちが押しかけ、何年ものあいだ居すわりつづけた。だが、フレディはだんまりを決めこみ、報道内容を否定さえした。

新聞のトップ記事を飾るためやレコードの売り上げを上げるために、私生活を売り物にしたり、わざと議論を巻き起こしたりすることは決してなかったフレディだが、そのときはマスコミの台風の目のまん中にいた。だが、それまでずっとマスコミに距離を置き、私生活を一切語ってこなかったフレディが、ここにきていきなり説明するわけがない。

　健康状態について、本人は意図的に口をつぐんでいたわけだが、クイーンの他のメンバーは、はからずも嘘をついていた。彼らはフレディに何か起きていると勘づいてはいたが、本当のことは知らなかったからだ。ともかく結束をかためて、仲間であるフレディのプライバシーを守ろうとした。

　フレディは、家に閉じこもって力つきるのを待つだけというのはごめんだった。音楽と人生はひとつだ。どちらが欠けても意味がない。彼にとって人生をあきらめない唯一の方法は、音楽を作り続けることだった。だから、1988年に『バルセロナ』を発表すると、バンドと再結集し、レコーディングをした。こうして完成したのが、12枚目のアルバム『ザ・ミラクル』だ。

　1989年に発売されたこのアルバムのジャケットには、ひとつに融合した4人の顔写真が使われている。自分たちがこれまでで一番強く結束していることを示そうという意図で選んだ写真だった。また、彼らはレコーディング中に、楽曲の著作権を4人のものにすることに決めた。バンド内の大きなもめごとの種が消え、4つの頭のヒュドラは滅びた。このアルバムのヒット曲のひとつ、「アイ・ウォント・イット・オール」はブライアン・メイの作詞だが、フレディが歌うことで曲に命が吹きこまれた。フレディは「すべてが欲しかった、今すぐに欲しかった」のだ。

1990年、音楽界への貢献によりクイーンがブリット・アワードを受賞したとき、フレディの体の衰えは傍目にも明らかになっていた。それ以上隠せず、フレディはメンバーを集めて自分の状態を正直に話した。
「僕に起きていることはわかってるだろう。だから、そのことはここで話したくない。僕の望みはただひとつ、最後まで音楽を作りつづけることだ」
　1991年にリリースされたアルバム『イニュエンドウ』は、まさにフレディ・マーキュリーの音楽による遺言だ。「輝ける日々」のビデオはファンへの感動的な別れの言葉だ。意思表明にほかならない「ショウ・マスト・ゴー・オン」のシングル盤のB面には、「Keep Yourself Alive（生き続けろ）」の原題を持つ、彼らの初期のヒット曲「炎のロックンロール」が収められた。これ以上にふさわしい曲はなかった。
　音楽を超えて、フレディが世界に遺した真の遺産は、最後の最後まで闘おうとする、あのパワーだった。彼のメッセージは、エイズを患う人々にも、そして、人生の一瞬一瞬を精一杯生きている健康な人々にも届いた。ウイルスは、社会的地位や性別を問わず誰にでも感染することを世間に知らせ、エイズに対して闘い続ける人の手本となり、多くの人々を勇気づけた。
　ドキュメンタリー「フレディ・マーキュリー：人生と歌を愛した男」の中のインタビューで、モンセラート・カバリエは、フレディが健康状態について明かしたときのようすを語っている。「あなたに知っておいてほしかった。あなたに話すのは僕の義務だ」と言われ、カバリエはこう答えた。「私に話す義務なんかないわ。でも話してくれてありがとう。だってあなたの友情の証ですもの。それが私には何より大切よ」

確かに、フレディは自分の健康状態を人に話す義務はなかった。友だちとしても有名人としても。同様に、私生活についてどんなことであれ、他人に明かす義務はなかった。おおやけにするのも、プライバシーとして秘めておくのも本人の自由だった。

　フレディは、うわさやデマやいいかげんなニュースを気にしないという姿勢を生涯貫き、書きたてられる材料をマスコミに与えようとしなかった。けれども、命のあるあいだに、不当な烙印を押されたＨＩＶ感染者たちへの偏見を取り除き、支援するメッセージを送ろうと決めた。そこで、1991年11月22日、次のような声明文を発表した。

「2週間前からマスコミをにぎわしている私自身についての情報や憶測にお答えします。私はHIV検査で陽性判定が出て、エイズであると診断されました。友人たち、世界中のファンのみなさん、これが真実です。みなさんが、私や私の医師団、そしてこの忌まわしい病気に苦しむすべての方々と団結し、闘ってくださることを望みます」

　プライバシーを尊重するよう訴えつつ、フレディは直視すべき現実を世の人々にさらけだした。今こそ、エイズに関して存在している無知の闇をとりはらうとき、HIV感染者だけでなく社会全体をむしばんでいる状況に光を投げかけるときだった。

　アルバム『イニュエンドウ』の発売後も、フレディは曲を作り続けようとしていたが、やがてベッドから起き上がるのも難しくなった。彼が書いた最後の2曲「マザー・ラヴ」と「ウインターズ・テイル」では、力つきようとしている弱々しいフレディが垣間見える。フレディは、音楽を創り続けられる限り生きていけるとわかっていた。そして、そのエネルギーがもはや残されていないと気づいたとき、薬をのむのをやめた。

　病気を公表した2日後、フレディは、エイズによる気管支肺炎のために、自宅ガーデン・ロッジで死んだ。

—— 104 ——

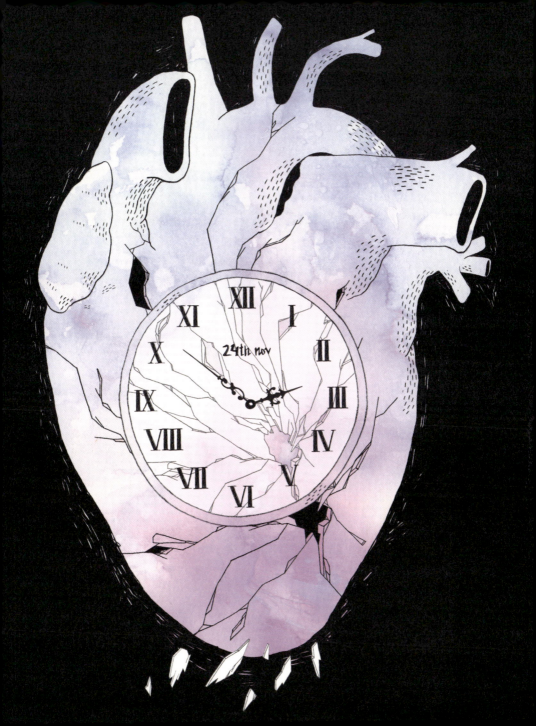

1991年11月24日は、フレディ・マーキュリーが最後に生まれかわった日だ。

その日、フレディという人間は死に、レジェンドが生まれたのだ。

葬儀はゾロアスター教の祭司によって執り行われ、彼を知り愛したすべての人たちが別れを告げにかけつけた。彼の音楽を愛した何百人ものファンが、ガーデン・ロッジの門前で何日も涙を流した。その時からガーデン・ロッジは、フレディ・マーキュリーのファンの巡礼地となった。

　人生の最後の時期、フレディは長くスイスのモントルーで過ごした。世界一退屈だと思ってきた町だったが、最後はその穏やかさを愛するようになった。モントルーのレマン湖のほとりには、彼の偉業をたたえて銅像が建てられ、ブライアン・メイの碑文が刻まれている。フレディ・マーキュリーを最もよく知る人間のひとりであるギタリスト、ブライアンは、フレディの人生をワン・フレーズにみごとに凝縮した。

Lover of life, singer of songs
ラバー・オブ・ライフ、シンガー・オブ・ソングス
人生と歌を愛した男

　フレディの遺灰はメアリーに託された。フレディが望んだ安息の地を知っているのは彼女だけだ。遺灰がまかれた場所についてうわさがとびかったが、誰にも明かさないでほしいというフレディの遺志を尊重して、メアリーは今日まで沈黙を守っている。

　その後、フレディの遺書が見つかった。アシスタントのピーター・フリーストーン、料理人のジョー・ファネリ、夫のジム・ハットンにかなりの金額が残されたが、いちばんの相続人はメアリー・オースティンで、ガーデン・ロッジの邸宅と、著作権料の半分を手に入れた。著作権料の残りの半分は、両親と妹で分けられた。

　そして僕たちには、20年間の歌と、史上最高の歌声が残された。

　ダーリン、きみのような人は二度と現れないよ。

コーダ

　フレディの死後、残されたクイーンのメンバーは、対エイズの闘いの旗手となり、フレディが声明によって切り開いた道を歩み続けた。バンドが新たに編集したシングル「ボヘミアン・ラプソディ」はミリオンセラーとなり、全収益がテレンス・ヒギンズ・トラストに寄付された。ＨＩＶ(エイチアイブイ)保菌者を支援し、治療法開発のための基金を提供している支援団体だ。

　死の5か月後、追悼(ついとう)コンサートが開かれた。このコンサートは同時に、対エイズの闘いの重要性を世に知らしめることを目的としていた。

　ウェンブリー・スタジアムで、デヴィッド・ボウイ、エルトン・ジョン、アクセル・ローズ、ジョージ・マイケルといった大物アーティストが、メンバーと共にクイーンの曲を演奏して、フレディに別れを告げた。コンサートの収益は、マーキュリー・フェニックス・トラストに託された。この団体は世界からエイズを根絶するために、今日も闘い続けている。

　フレディは、弁護士のジム・ビーチに最後に会ったとき、こう告げていた。遺言状では彼に何も遺産を残していないが、自分の音楽を残す、それを好きなように使っていい、ただし僕を退屈な存在にはしないでほしいと。そんなわけで、1993年、「リヴィング・オン・マイ・オウン」のリミックス盤がリリースされ、英国チャート1位に輝いた。フレディのソロとして、1位を記録した初めてのレコードとなった。さらに、ソロの音源によるいくつかのコンピレーションの他、2枚目のソロアルバム『バルセロナ』が大編成のオーケストラで再録音され、フレディとモンツィのオリジナル音声トラックが加えられた。

　一方、クイーンのメンバーは、フレディと録音したまま未完になっていた音源をまとめ、フレディのソロを何曲か加えて、1995年『メイド・イン・ヘヴン』というアルバムを仕上げた。1997年には、フレディへのオマージュとして、未発表曲「ノー・ワン・バット・ユー」を含むコンピレーションアルバム『クイーン・ロックス』を発表したが、その後ジョン・ディーコンはバンドを脱退した。ブライアンとロジャーは現在もクイーンとしての活動を続け、ポール・ロジャースやアダム・ランバートをボーカルに迎えている。「フレディ・フォー・ア・デイ」という、フレディ独特のファッション・アイテムを使って仮装するイベントは、毎年開催されている。毎年9月5日、大勢のフレディが世界中の街角に出没し、エイズと闘い続けることの大切さを訴えている。

1991年、フレディが亡くなった年に新しい小惑星が発見され、2006年、Freddiemercury 17473と名付けられた。フレディは天国に行きたがらなかった（地獄にはもっと面白い連中がいるはずだとよく言っていた）が、こうして宇宙に名を残したことは喜んでいることだろう。

Good Bye, Darling.

グッド・バイ・ダーリン

歌が語る
フレディ・マーキュリー

　フレディがクイーンの曲作りの中心人物だったことは、数字からも明らかだ。ベストアルバム『グレイテスト・ヒッツ』収録の17曲のうち10曲、『グレイテスト・ヒッツⅡ』に収録されたシングルの半分が彼の作品だ。

　音楽ジャンルはロカビリーから壮大なバラードまで幅広かったが、テーマは常に同じだった。自分の曲に奥深いテーマはないし、他のアーティスト、例えばジョン・レノンのようなメッセージ性はないと、フレディはインタビューでよく語っていた。ただ、自身が知りつくしているテーマ、愛と感情を歌った。政治は政治家に任せる、自分の曲はその瞬間楽しみ、次の瞬間には使い捨ててくれていい、着なくなったらゴミ箱行きになるTシャツやスーツと同じだといつも言っていた。だが、皮肉なことに、クイーンは大きなクローゼットを持つことになった。フレディの書いた曲の多くは音楽史の一部になったからだ。

　自分の歌詞はニュートラルで、自分自身のことを語ったものはほとんどないとフレディは語っていた。しかし、ヒット曲ひとつひとつを書かれた時期と照らしあわせてみると、その言葉とはうらはらに、彼の人生と深く関係していることがわかる。フレディ・マーキュリーが、音楽のために、また音楽を通して生きたことを、その音楽履歴(りれき)は物語っている。

SOMEBODY TO LOVE
愛にすべてを

1976年、フレディ・マーキュリーはメアリー・オースティンとの恋愛関係に終止符を打った。彼女に正直な気持ちを打ち明けた後、人生の新しいステージが始まり、そこには多くの発見があった。だが、自由を手放す気はなかったものの、果てしないツアーや長い夜の後、フレディは、人生を分かち合う誰かや帰る家を持つことを願うようになった。彼はいつも愛を求めていた。しかし、近づいてくる人に下心があるかないかを見極めるのは難しかった。何年も恋のアバンチュールを重ねた後、1984年、ついにジム・ハットンに出合う。ジムとガーデン・ロッジに住み、やっと長い間望んできたものを手に入れた。愛する人、帰るべき素敵な家、そして猫！　たくさんの猫たちを。

(PLEASE)

"can ANYBODY find me SOMEBODY to love?"

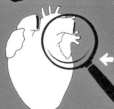

(たのむよ)
誰か僕が愛すべき人を
見つけてくれないか？

DON'T STOP ME NOW
ドント・ストップ・ミー・ナウ

ブライアン・メイはこの歌について聞かれると、ほろ苦い感情がわくとよく言う。この曲は大ヒットしたが、クイーンにとって、特にフレディにとって、混乱していた時期を思い出させるからだ。

1978年、フレディは彼の人生で最も自由奔放な瞬間を生きていた。好きに人を愛し、好きに曲作りをし、好きにいろんな体験をした。1970年代の終わりから80年代の初めにかけては、フレディが最もハメを外した時期だった。他のメンバーたちは心配し警戒しながら、それを見守っていた。「ドント・ストップ・ミー・ナウ」は、あの時期のフレディにぴったりの曲だ。足を踏み入れたばかりの新たな生活の勢いにのって、あのころフレディは、一生のうちで最もワイルドな日々を送った。

"don't stop me
NOW
I don't want to
STOP
at all"

今僕を止めないでくれ
ぜんぜん止まりたくないんだ

MR. BAD GUY
Mr. バッド・ガイ

フレディはいつもメディアから距離をおこうとしていた。音楽メディアがクイーンを好意的に書いたことは一度もなかったし、プライベートなことでマスコミに餌をまくつもりもなかった。情報がない中でマスコミは、ステージで見る断片から、フレディの人物像を作りあげた。つまり、傲慢で、自信にあふれ、絶大な権力を持つ、ほとんど神がかったロックの王様だと。確かに、ステージ上のフレディはそうだったし、それ以上だった。が、フレディの実像はそれとはかけはなれていた。

長年にわたり、フレディはマスコミが望む姿を演じ、思い上がったスターという神話を作り上げてきた。そうしておけば、普段の自分を、自分と自分をよく知る人だけのものにしておけた。だが、マスコミが期待するように否応なくふるまううちに、自分の作り上げたスター像にとらわれているように感じるとも語っていた。だから、ソロでアルバムを手がけたときに、「Mr.バッド・ガイ」をアルバムタイトルにした。世界が作り上げた「悪い奴」という仮面をかぶるのを、運命と受けとめたのだ。

"yes I'm EVERYBODY'S Mr. Bad Guy
I'm CAN'T you see Mr. Mercury?"

そう、僕はみんなのMr. バッド・ガイ
わかるだろう?
僕はMr. マーキュリー

THE GREAT PRETENDER
ザ・グレート・プリテンダー

原曲は、1955年にプラターズが発売したもので、もちろんフレディ・マーキュリー作ではない。だが、自らシングルに選んだこの曲は、彼自身が書いたのではないかと思われるほど、フレディにぴったりだった。

オリジナルはラブソングだが、フレディの演奏では新しいニュアンスが加わった。「Mr.バッド・ガイ」では、本来の自分ではない仮装を受けいれた。一方この曲では、自分は、本来の自分と違う人間を装う道化役者、ペテン師だと世界に宣言した。この歌に登場するフレディは、まとった仮装を1枚1枚はぎとり、すべての仮装の下にはごく普通の人間がいるだけであることを見せた。そこにいるのは、実際に強い人間になるかわりに、強い人間のふりをしようとした、ごく普通の人間だ。この曲の発売とともに、鏡に映し出されたいくつもの虚像は消え去った。

― 128 ―

(OOH YES)

"I'm the great
PRETENDER
I seem to be
what
I'm NOT"

（オー・イエス）

僕は、人のふりをするのが大得意
自分じゃないものに、見えている

参考文献

書籍とブログ

Freddie Mercury. A Kind of Magic
著者：マーク・ブレーク　出版社：Editorial Blume, 2016.　バルセロナ

Official Googleblog: Happy birthday, Freddie Mercury
投稿者：ブライアン・メイ
https://googleblog.blogspot.com/2011/09/happy-birthday-freddie-mercury.html

Freddie Mercury, su vida contada por él mismo（フレディ・マーキュリー、彼自身が語るその人生）
出版社：Robinbook, 2007.　バルセロナ

Freddie Mercury, una vida en imágenes（フレディ・マーキュリー、画像で追うその人生）
著者：ショーン・オヘイガン　出版社：Libros Cúpula, 2013.　バルセロナ

ドキュメンタリー

Freddie Mercury, the untold story（2000）　監督：Rudi Dolezal, Hannes Rossacher

Freddie Mercury: The Great Pretender（2012）　監督：Rhys Thomas

Is this real life?（1999）　監督：Bob Smeaton

The Freddie Mercury Story: Who Wants to Live Forever（2016）　監督：John Fothergill

The Story of Bohemian Rhapsody（2004）　監督：Carl Johnston

Queen: A Night at the Opera（1997）　監督：Matthew Longfellow

Queen: Days of our lives（2011）　監督：Matt O'Casey

Queen: Rock the world（2017）　監督：Christopher Bird

謝辞

　もう何年か前のことになるが、つきあい始めたころ、僕たちはよくあれこれとおしゃべりをしたものだった。互いに、自分をもっとよく知ってもらいたい、相手の心を少しでもときめかせたいと会話した。その日、楽しくビールを飲みながら、音楽の話になったとき、君は僕にきいた。「もうこの世にいない歌手で、コンサートを見てみたいのは誰？」

　自分が何と答えたかよく覚えていないけれど、同じ問いを返したのは覚えている。君はビールをごくりと飲むと（もしかしたらそうじゃなかったかもしれないが、そんな風に僕は記憶している）、こう言った。「フレディ・マーキュリー」。言われたとたん、これ以上の答えはない、これこそ神のお告げだと思った。

　最初のデートから何年も経って、僕たちが話すことは変わってきた。買い物リストだとか、夏休みの計画だとか。だけど、あの無邪気な質問は、最初に発見した僕たちふたりの共通項だった。

　君に、そして家族みんなに、この本を捧げる。

アルフォンソ・カサス

この本は2018年9月初旬に出来上がった。
生きていれば、フレディは72歳になっているはずだ。
これは、僕たちから彼への
ささやかな誕生日プレゼントだ。
著者

グラフィック伝記 フレディ・マーキュリー

2019年12月31日　第1刷発行

作／アルフォンソ・カサス
訳／宇野和美・小原京子

発行者／岩崎弘明
編集／河本祐里
発行所／株式会社岩崎書店
　　　　〒112-0005東京都文京区水道1-9-2
　　　　電話：03(3812)9131[営業]　03(3813)5526[編集]
　　　　振替：00170-5-96822
印刷／株式会社光陽メディア
製本／株式会社若林製本工場
日本語版デザイン／城所潤＋大谷浩介 (ジュン・キドコロ・デザイン)

NDC289　20×16cm　ISBN978-4-265-86046-3
Japanese edition published 2019 by IWASAKI Publishing Co., Ltd., Tokyo
Japanese text copyright ©2019 by Kazumi Uno & Kyoko Obara
Printed in Japan

乱丁本・落丁本は小社負担でおとりかえいたします。

●岩崎書店ホームページ　http://www.iwasakishoten.co.jp
●ご意見ご感想をお寄せ下さい。　E-mail info@iwasakishoten.co.jp

本書のコピー、スキャン、デジタル化等の無断複製は著作権法上での例外を除き禁
じられています。本書を代行業者等の第三者に依頼してスキャンやデジタル化する
ことは、たとえ個人や家庭内での利用であっても一切認められておりません。

アルフォンソ・カサス
Alfonso Casas

1981年サラゴサ生まれ。スペインの人気イラストレーター。物心ついたときには鉛筆を握り、コミックにかこまれていた。教育学部卒業後バルセロナに転居し、以来コミックや出版・広告のイラストレーションを手がける。コミックに『微小の愛』『すべての八月の終わり』、グラフィックノベルに『セ（ンチ）メンタル』『フェデリコ・ガルシア・ロルカ』（すべて未邦訳）などがある。
https://www.instagram.com/alfonsocasas/?hl=ja

宇野和美
うの かずみ

東京外国語大学卒業。出版社勤務の後、スペイン語の翻訳に携わる。訳書に『民主主義は誰のもの？』（あしたのための本シリーズ、あかね書房）、『マルコとパパ』（偕成社）、『もしぼくが本だったら』（KTC中央出版）など多数。東京外国語大学講師。スペイン語の子どもの本専門ネット書店、ミランフ洋書店店主。

小原京子
おばら きょうこ

山口県岩国市出身。上智大学外国語学部イスパニア語学科卒業。在京スペイン大使館で、文化広報担当、翻訳官として23年間勤務した後、海外に拠点を移し、翻訳、コラム執筆、スペイン語通信教育に携わる。訳書『アウシュヴィッツの図書係』（集英社）が、ブクログ大賞（2017年海外小説部門）を受賞。